ENGLISH G

access

5

VOKABELTASCHENBUCH

D1921036

Vokabel Trainer

Cornelsen

Vokabeltrainer-App

Verfügbar für: iOS, Android und Windows Phone

Cornelsen

Hier siehst du, wie das **Vocabulary** aufgebaut ist:

Diese Zahl gibt die **Seite** an, auf der die Wörter zum ersten Mal vorkommen. pp. 10/11 = Seiten 10 und 11

Die **Lautschrift** zeigt dir, wie ein Wort ausgesprochen wird. Eine Übersicht über alle **Lautschriftzeichen** findest du auf S. 70.

pp. 10/11	**region** ['riːdʒən]	Region	stress: **region** ['riːdʒən] (F) la région (L) regio *f*
	tropical ['trɒpɪkl]	tropisch, Tropen-	a ~ rainforest/island/climate/disease (F) tropical, e
	the tropics *(pl)* ['trɒpɪks]	die Tropen	
	poisonous ['pɔɪzənəs]	giftig	Be careful! Snakes can be ~. If you eat ~ plants, you might die.

Eingerückte Wörter lernst du am besten zusammen mit dem vorausgehenden Wort, weil die beiden zusammengehören.

Die Tilde in den Beispielsätzen steht für das neue Wort.
poisonous –
If you eat ~ plants, …
(= ... **poisonous** plants)

Part A

p. 12	**quay** [kiː]	Kai	pronunciation: **quay**
	a **half-hour** ride	eine halbstündige Fahrt	

a half-hour ride, a five-minute walk, …

! Im Englischen steht in Wendungen wie den folgenden das **Nomen im Singular**:
a five-minute walk (*nicht:* **a five-~~minutes~~ walk**)

a **half-hour** ride	eine halbstündige Fahrt	a **ten-kilometre** t…	
a **five-minute** walk	ein fünfminütiger Spaziergang	a **150-kilogram** b…	
a **six-month** stay	ein sechsmonatiger Aufenthalt	a **60-year-old** waiter	ein 60-jähriger Kellner
a **three-week** holiday	ein dreiwöchiger Urlaub	a **24-hour** supermarket	ein Supermarkt, der 24 Stunden geöffnet ist

Das **rote Ausrufezeichen** bedeutet: Vorsicht, hier macht man leicht Fehler!

	waterfront ['wɔːtəfrʌnt]	Hafenviertel *(oft modernisiert und zum Wohnviertel umgebaut)*	
p. 17	**advantage** [əd'vɑːntɪdʒ]	Vorteil	**advantage** ◄► **disadvantage** [ˌdɪsəd'vɑːntɪdʒ] Not being able to drive can be a **dis~** (Nachteil) when you're looking for a job. (F) l'avantage *(m)*
	hopeful ['həʊpfl]	zuversichtlich, hoffnungsvoll	**hopeful – hopefully**

Diese **Kästen** solltest du dir immer besonders gut ansehen: Hier sind Vokabeln zu einem bestimmten Thema zusammengestellt. Oder du erfährst mehr über ein Wort und wie es verwendet wird.

Dies ist das *„opposite“*-Zeichen („Gegenteil“-Zeichen): **advantage** und **disadvantage** sind *opposites*.

Im **Vocabulary** werden folgende **Abkürzungen** verwendet:

p. = page (Seite) · pp. = pages (Seiten)

sth. = something (etwas) · sb. = somebody (jemand)

jn. = jemanden · jm. = jemandem

pl = plural (Mehrzahl) · *adj = adjective* · *adv = adverb* · *conj = conjunction* · *prep = preposition*

BE = British English · *AE = American English* · *AusE = Australian English*

infml = informal (umgangssprachlich) · *fml = formal* (formell, förmlich)

Ⓕ *= verwandtes Wort im Französischen* · Ⓛ *= verwandtes Wort im Lateinischen*

- Eine Liste der **unregelmäßigen Verben** steht auf den Seiten 62–68.
- **Hinweise zu *false friends***, bei denen man leicht Fehler macht, stehen auf S. 69.
- Eine Übersicht über die **Lautschriftzeichen** und das englische **Alphabet** findest du auf S. 70.

Unit 1 Australia, country and continent

pp. 10/ 11	**region** ['riːdʒən]	Region	! stress: **region** ['riːdʒən] (F) la région (L) regio *f*
	bush [bʊʃ]	Busch, Strauch *(auch: unerschlossenes, „wildes“ Land in Australien u. Afrika)*	
	coral ['kɒrəl]	Koralle; Korallen-	! stress: **coral** ['kɒrəl]
	kangaroo [ˌkæŋgə'ruː] (*AusE infml:* **roo**)	Känguru	! stress: **kangaroo** [ˌkæŋgə'ruː]
	the outback ['aʊtbæk]	das Hinterland Australiens	
	spider ['spaɪdə]	Spinne	**spiders** 
	coastal ['kəʊstl]	Küsten-	Plymouth is a ~ town in England.
	exotic [ɪg'zɒtɪk]	exotisch	We saw lots of ~ animals at the zoo. (F) exotique
	humid ['hjuːmɪd]	feucht, feuchtwarm	We get a lot of rain here in the summer, so it's often very ~. (F) humide (L) umidus **humid ◄► dry**
	remote [rɪ'məʊt]	abgelegen, abgeschieden	We stayed in a ~ village 60 miles from the nearest town. (L) remotus
	stunning ['stʌnɪŋ]	atemberaubend, überwältigend, umwerfend	= wonderful, amazing, fantastic Don't they look ~ in their wedding clothes? 

tropical ['trɒpɪkl]	tropisch, Tropen-	a ~ rainforest/island/climate/disease (F) tropical, e
the tropics *(pl)* ['trɒpɪks]	die Tropen	
urban ['ɜːbən]	städtisch, Stadt-	**Urban** planners think about the future of towns and cities. (F) urbain, e (L) urbanus
Aboriginal [ˌæbəˈrɪdʒənl]	Aborigine- *(die Ureinwohner/-innen Australiens betreffend)*	~ artists/culture; the ~ population  the **Aboriginal** flag
camel ['kæml]	Kamel	! stress: **camel** ['kæml]
convict ['kɒnvɪkt]	Sträfling, Strafgefangene(r)	
koala [kəʊ'ɑːlə]	Koala	 a **koala**
poisonous ['pɔɪzənəs]	giftig	Be careful! Snakes can be ~. If you eat ~ plants, you might die.
exchange [ɪks'tʃeɪndʒ]	Austausch	There are some ~ students from France at our school. (F) l'échange *(m)*

Part A

p. 12	**flight** [flaɪt]	Flug	verb: (to) **fly, flew, flown** – noun: **flight** an **in-flight** magazine/meal (Bordmagazin/Bordmahlzeit)
	lively ['laɪvli]	lebendig, lebhaft	My grandma is still very ~ at 75. She goes dancing twice a week.
	historical [hɪ'stɒrɪkl]	historisch, geschichtlich	The town's main ~ attraction is a 12th century castle. (F) historique (L) historia, -ae *f*
	quarter ['kwɔːtə]	Viertel (*auch:* Stadtviertel)	The student ~ has a lot of pubs and cafés. (F) le quartier
	(to) **settle** ['setl]	sich niederlassen, sich ansiedeln	When the Romans **~d** in Britain, they built roads and towns.
	trendy ['trendi]	modisch, angesagt, „in"	Everyone is talking about this ~ new restaurant in George Street.
	business ['bɪznəs]	Geschäft, Geschäfts-; Unternehmen, Betrieb	**Business** was good. (Die Geschäfte liefen gut.) a ~ trip/lunch (Geschäftsreise/-essen) Mike started his own ~ when he was 17.
	district ['dɪstrɪkt]	Gegend, Bezirk, Viertel	There are lots of skyscrapers in Sydney's business ~.
	flying fox [ˌflaɪɪŋ 'fɒks]	Flughund	
	fox [fɒks]	Fuchs	

a **flying fox**

a **fox**

opera ['ɒprə]	Oper		(F) l'opéra *(m)*
quay [kiː]	Kai	! pronunciation: **quay** ['kiː]	(F) le quai
a **half-hour** ride	eine halbstündige Fahrt		

a half-hour ride, a five-minute walk, …

! Im Englischen steht in Wendungen wie den folgenden das **Nomen im Singular**:
a five-minute walk (*nicht:* **a five-~~minutes~~ walk**)

a **five-minute** walk	ein fünfminütiger Spaziergang	a **ten-kilometre** tour	eine Zehn-Kilometer-Tour
a **half-hour** ride	eine halbstündige Fahrt	a **150-kilogram** bear	ein 150 Kilo schwerer Bär
a **six-month** stay	ein sechsmonatiger Aufenthalt	a **60-year-old** waiter	ein 60-jähriger Kellner
a **three-week** holiday	ein dreiwöchiger Urlaub	a **24-hour** supermarket	ein Supermarkt, der 24 Stunden geöffnet ist

waterfront ['wɔːtəfrʌnt]	Hafenviertel *(oft modernisiert und zum Wohnviertel umgebaut)*		
(to) **guide** [gaɪd]	führen	verb: (to) **guide** adj: **guided** – a **guided tour** through the city noun: **guide** 1. Fremdenführer/in; Reiseleiter/in; 2. (*auch:* **guidebook**) Reiseführer	
honest ['ɒnɪst]	ehrlich	Be ~ with me! Say what you really think. ! silent "**h**": **honest** ['ɒnɪst]	(L) honestus
take (on sth.)	Einstellung, Meinung (zu etwas)	What's your ~ **on** this new band?	

(to) **catch** a bus/ferry/...	einen Bus/eine Fähre nehmen; einen Bus/eine Fähre (noch) erwischen	Walk to the waterfront and ~ a bus to the city centre. If we run we might still be able to ~ the ferry.
scenic ['si:nɪk]	(landschaftlich) schön	Let's take the ~ coastal route, not the main road.
(to) **transform** [træns'fɔ:m]	verwandeln; umwandeln	They're planning to ~ the station into an art gallery. (F) transformer (L) transformare
landmark ['lændmɑ:k]	Wahrzeichen	St Paul's Cathedral is one of London's ~**s**.
paradise ['pærədaɪs]	Paradies	! stress: <u>**para**</u>**dise** ['pærədaɪs] (F) le paradis
bay [beɪ]	Bucht	a beautiful **bay** (F) la baie 
p. 13 **back then**	damals	My grandma was born in 1948. Life was a lot slower **back** ~, she says.
Aussie ['ɒzi] *(infml)*	Australier/in; australisch	informal for "Australian"

Group nouns

Nomen wie **audience, band, class, family, government, group, team** bezeichnen eine **Gruppe von Menschen**. Sie werden daher **group nouns** (oder **collective nouns**) genannt.

Auch wenn solche **group nouns** im <u>**Singular**</u> verwendet werden, stehen <u>Verben und Pronomen</u> danach oft im **Plural**:

Leon's host <u>**family**</u> **were** great. **They** quickly made him feel at home.
The <u>**audience**</u> **are** still cheering although the <u>**band**</u> **have** already started to put away **their** instruments.
<u>**Class 8PW**</u> **are** difficult to teach.

though [ðəʊ]	obwohl	Leon really liked his host family, ~ (= although) it was hard to understand them at first.
barbecue ['bɑːbɪkjuː] (*BE und AusE infml auch:* **barbie**)	Grill; Grillfest, Grillparty	Shall I put some more sausages on the ~? We're having a ~ on Sunday. Would you like to come? 
board [bɔːd] (*kurz für:* **surfboard**)	Surfbrett	
(to) **swallow** ['swɒləʊ]	schlucken; verschlucken	He thought he was going to be sick when he realized that he had **~ed** a spider.
ton [tʌn]	Tonne *(Gewicht)*	It was so hot! We could have sold **~s** of ice cream. (… jede Menge Eis)
private ['praɪvət]	privat	**!** pronunciation and stress: **pri**vate ['praɪvət] **private ◄► public** (F) privé, e (L) privatus, -a, -um
(to) **accept** [ək'sept]	akzeptieren, annehmen	I've asked eight people to our barbecue, and most of them have already **~ed** the invitation. As a child I found it hard to get **~ed** into a group. (F) accepter (L) accipere
talkative ['tɔːkətɪv]	gesprächig	He seemed shy at first, but by the end of the evening he was really ~.

	photography [fəˈtɒgrəfi]	Fotografie	! stress: **pho<u>to</u>graphy** [fəˈtɒgrəfi] (F) la photographie
	in the end	schließlich, am Ende, zum Schluss	At first no one clapped, but **in the** ~ everybody joined in.
	(to) **be/get homesick** [ˈhəʊmsɪk]	Heimweh haben/bekommen	*English:* (to) **be homesick** *German:* **Heimweh haben**
	Christmas Eve [ˌkrɪsməs‿ˈiːv]	Heiligabend	
	self-confident [ˌselfˈkɒnfɪdənt] (*kurz auch:* **confident**)	selbstbewusst, (selbst)sicher	She's a **self-confident** student. As a child, I was very shy. Later I became more **confident**. (L) confidere *(vertrauen)*
	easy-going [ˌiːziˈgəʊɪŋ]	locker, unbeschwert, gelassen	Most of our teachers are **easy-~**, but Mr Sanders is really strict.
	the very first/last/best …	der/die/das allererste/allerletzte/ allerbeste …	We just managed to catch the ~ **last** tram. You could tell it was his ~ **first** time.
p. 14	**sunscreen** [ˈsʌnskriːn]	Sonnenschutzmittel	Remember to put on ~ before you go out in the sun.
p. 15	**No worries, mate.** [ˈwʌriz] *(bes. AusE)*	Kein Problem! / Alles OK! / Alles gut!	Thanks very much for helping me. – **No ~, mate.**
	mate [meɪt] *(infml)*	Kumpel, Freund/in	Weekends are a good time to hang out with your **~s**.

p. 17

(to) argue – argument – argumentative

• (to) **argue**	**1.** argumentieren; behaupten **2.** (sich) streiten, (sich) zanken	He tried to **argue** that Shakespeare was German! My brothers **argue** all the time.
• **argument**	**1.** Argument **2.** Streit, Auseinandersetzung	Try to present **arguments** for and against the topic. Sorry about the noise. Our neighbours are having another **argument**.
• **argumentative** [ˌɑːgjuˈmentətɪv]	**1.** argumentativ **2.** streitsüchtig	**argumentative writing** (Erörterung, Argumentation) He's a bit **argumentative**. That's why he didn't agree with us.

(to) **brainstorm** [ˈbreɪnstɔːm]	brainstormen *(so viele Ideen wie möglich sammeln)*	We sat down and **~ed** on how to solve the problem.
(to) **oppose** sth. [əˈpəʊz]	etwas ablehnen, gegen etwas sein	Most people **~d** the plan to build a new road. (to) **support** sth. ◄► (to) **oppose** sth. Ⓛ opponere *(entgegenstellen)*
(to) **state** sth. [steɪt]	etwas äußern, etwas angeben	Try to ~ your opinion in a respectful way. The president **~d** that he would introduce a new law.
abroad [əˈbrɔːd]	im/ins Ausland	My great-grandparents have never been ~. Lots of people like to go ~ on holiday.
in addition to … [əˈdɪʃn]	neben …; außer …; zusätzlich zu …	**In ~ to** the guitar and the piano, he also plays the drums. Ⓛ addere *(hinzufügen)*

personally ['pɜːsənəli]	persönlich	*English:* **Personally**, I'd rather go by train. *German:* Ich **persönlich** würde lieber mit dem Zug fahren.
(to) **discuss** sth. [dɪ'skʌs]	über etwas diskutieren, etwas besprechen	*English:* (to) **discuss sth.** *German:* **über etwas diskutieren** noun: **discussion** – verb: (to) **discuss sth.**
furthermore [ˌfɜːðə'mɔː]	außerdem, ferner; des Weiteren	The government want to improve our hospitals. **Furthermore**, they have promised to spend more on education.
in my view [vjuː]	meiner Ansicht nach, meiner Meinung nach	= in my opinion
On the one hand, … **On the other hand, …**	Einerseits … Andererseits …	**On the one ~,** Australia is close to Asia. **On the other ~,** it has a strong British tradition.
(to) **take a different view**	einen anderen Standpunkt vertreten; anderer Ansicht sein	Most people think it's OK to eat meat, but some **take a different ~**. Some people **took the ~ that** the new skyscraper destroyed the historical skyline. („… waren der Auffassung/Ansicht, dass …")
advantage [əd'vɑːntɪdʒ]	Vorteil	**advantage ◄► disadvantage** [ˌdɪsəd'vɑːntɪdʒ] Not being able to drive can be a **dis~** (Nachteil) when you're looking for a job. Ⓕ l'avantage *(m)*

comparison [kəm'pærɪsn]	Vergleich	On this website you can **make ~s** between different schools. (F) la comparaison (L) comparare *English:* (to) **make comparisons** *German:* **Vergleiche anstellen; vergleichen**
To start with, … / **To begin with, …**	Erstens …; Zunächst (einmal) …	**To ~ with**, I'd like to point out that …
Firstly, … ['fɜːstli] **Secondly, …** ['sekəndli] **Thirdly, …** ['θɜːdli]	Erstens … Zweitens … Drittens …	**Firstly**, we have to get something to drink. **Secondly**, we need a DJ. And **thirdly**, …

Part B

pp. 18/19	**reef** [riːf]	Riff	
	(to) **flood** [flʌd]	überfluten, überschwemmen	The rain **~ed** our garden. It looked like a swimming pool. ! pronunciation: **flood** ['flʌd] verb: (to) **flood** – noun: **flood** (Flut; Überschwemmung)
	(to) **be determined to do** sth. [dɪ'tɜːmɪnd]	(fest) entschlossen sein, etwas zu tun	Nothing will stop me: **I'm ~ to** win the race. (L) determinare
	insect ['ɪnsekt]	Insekt	! stress: **<u>in</u>sect** ['ɪnsekt] (F) l'insecte *(m)*
	python ['paɪθən]	Python	! pronunciation: **python** ['paɪθən]

luckily ['lʌkɪli]	glücklicherweise; zum Glück	I dropped a plate yesterday. **Luckily**, it wasn't very expensive.
(to) **prefer** sth. **(to** sth.) [prɪ'fɜː]	etwas (etwas anderem) vorziehen	My brother **~s** basketball **to** football. (F) préférer (= He likes basketball more than football.) I'd ~ **to** stay at home this evening. (Ich würde heute Abend lieber zu Hause bleiben.)
human ['hjuːmən]	Mensch; menschlich	! **human** = **1.** Mensch – animals and **humans** **2.** menschlich – It's only **human**. (F) humain, e (L) humanus Für das deutsche „Mensch" wird oft auch **human being** verwendet: The earth is much older than **human beings**.
mainly ['meɪnli]	hauptsächlich, vorwiegend	The hotel was full of tourists, ~ from Germany.
(to) **provoke** [prə'vəʊk]	provozieren	He's an easy-going guy – it's difficult to ~ him. (F) provoquer (L) provocare
(to) **injure** sb. ['ɪndʒə]	jn. verletzen	! Bei leichten körperlichen Verletzungen oder wenn Gefühle verletzt werden, wird eher **hurt** verwendet.
moth [mɒθ]	Nachtfalter; Motte	a **moth** 
crocodile ['krɒkədaɪl]	Krokodil	! pronunciation and stress: **<u>cro</u>codile** ['krɒkədaɪl]
(to) **bump into** sb. [bʌmp] *(infml)*	jn. zufällig treffen, jm. zufällig begegnen	In a small town you often ~ **into** people you know.

	(to) **snorkel** ['snɔːkl]	schnorcheln	**snorkelling** 
p. 20	**greenhouse** ['griːnhaʊs]	Gewächshaus, Treibhaus	a **greenhouse** 
p. 22	**coastline** ['kəʊstlaɪn]	Küste, Küstenlinie	From the boat we could see the rocky Irish ~.
	dramatic [drə'mætɪk]	dramatisch	I saw a ~ film about a man who escaped from prison. Ⓕ dramatique
	facilities *(pl)* [fə'sɪlətiz]	Einrichtungen, Ausstattung, Anlage(n), Angebot(e)	The ~ at the first hotel were much better than the ones in this place! Ⓛ facilis
	overcrowded [ˌəʊvə'kraʊdɪd]	überfüllt	~ streets/beaches/classrooms/cities/prisons
	rural ['rʊərəl]	ländlich, Land-	**rural** ◄► **urban** Ⓕ rural, e ◄► urbain, e Ⓛ rus, ruris *n (Land)*
	suburban [sə'bɜːbən]	Vorort-, Vorstadt-; vorstädtisch	He walked around the ~ streets taking photos of the houses and gardens. noun: **suburb** ['sʌbɜːb] – adj: **suburban** [sə'bɜːbən]

vast [vɑːst]	riesig	Africa is a ~ continent. It's over 5,000 miles from north to south. **vast ◄► tiny**
inland ['ɪnlænd]	Binnen-; im Landesinneren	Duisburg has the world's largest ~ harbour. **coastal ◄► inland**
mild [maɪld]	mild	a **mild climate** ◄► a **tropical climate** a **mild dish/sauce** ◄► a **hot dish/sauce** a **mild cheese** ◄► a **strong cheese** ! pronunciation: **mild** [maɪld]
mountainous ['maʊntənəs]	bergig, gebirgig	noun: **mountain** – adj: **mountainous**
old-fashioned [ˌəʊld'fæʃənd]	altmodisch	**old-fashioned ◄► modern, trendy**
flat [flæt]	flach, eben	It's easier to ride a bike in a ~ city like Berlin than in a hilly city like Stuttgart. **mountainous, hilly ◄► flat**
descriptive [dɪ'skrɪptɪv]	beschreibend	verb: (to) **describe** – noun: **description** – adj: **descriptive** Ⓛ describere
collocation [ˌkɒlə'keɪʃn]	Kollokation *(Wörter, die oft zusammen vorkommen)*	words that are often used together, for example • **strong wind** (starker/kräftiger Wind) • **heavy rain** (starker/heftiger Regen) Ⓕ la collocation Ⓛ collocare
p. 23 (to) **disagree (with)** [ˌdɪsə'griː]	anderer Meinung sein (als); nicht übereinstimmen (mit); nicht zustimmen	I'm sorry, but I completely ~ **with** you/**with** that statement. (to) **agree ◄►** (to) **disagree**
rude [ruːd]	unhöflich; unverschämt	I think it's ~ to interrupt when someone else is speaking. **rude ◄► polite** Ⓛ rudis

hurtful ['hɜːtfl]	verletzend	a ~ comment = a comment that hurts/might hurt
nonsense ['nɒnsns]	Unsinn, dummes Zeug	
(to) **share** sth. [ʃeə]	(sich) etwas teilen	(to) **share** a room/a flat I don't ~ his views. (Ich teile seine Ansichten nicht.)
totally ['təʊtəli]	völlig, total	• adv: **totally** (völlig, total) – Ⓕ totalement I **totally** disagree. • adj: **total** (Gesamt-) – Ⓕ total, e the **total** number of pupils at this school
I'm afraid … [ə'freɪd]	Leider …	 ! **afraid: 1. I'm afraid of spiders.** (Ich habe Angst …) **2. I'm afraid I can't help you.** (Leider …)
(to) **have a point**	nicht ganz Unrecht haben	You **have a** ~ there, but I still think the other arguments are better.
gift voucher ['gɪft vaʊtʃə]	Geschenkgutschein	I got a couple of **gift ~s** for my birthday.

Part C

p. 26

English "so" – German "auch"

Coreen **loves** talking about her culture, and **so do** the other kids. ... und die anderen Kids **auch**.

Mit **so + Hilfsverb + (Pro-)Nomen** kann man zum Ausdruck bringen, dass etwas **auch** für jemand anders gilt. Weitere Beispiele:

John **is** really clever.	**So is** Joanna.	He **has been** to Australia.	**So has** Joanna.
He**'s got** a great voice.	**So has** Joanna.	He **got** married last year.	**So did** Joanna.
He **can** speak several languages.	**So can** Joanna.	He **would like** to move to Spain.	**So would** Joanna.
He **earns** a lot of money.	**So does** Joanna.		

sort (of) [sɔːt]	Art, Sorte	What ~ of music do you like? Rock? Pop? Jazz?
painting ['peɪntɪŋ]	Gemälde, Bild	verb: **paint** – noun: **painting**
soccer ['sɒkə]	Fußball	! Wie in den USA wird in Australien Fußball eher **soccer** genannt. **Football** ist in beiden Ländern etwas anderes.
(to) **dig (for** sth.**)** [dɪg], **dug, dug** [dʌg]	(nach etwas) graben	**digging a hole** 

opportunity [ˌɒpəˈtjuːnəti]	Gelegenheit, Möglichkeit, Chance	I think you'll have better job **opportunities** if you spend a year abroad. (L) opportunus

German "Möglichkeit"

Das deutsche Wort **Möglichkeit** hat mehrere englische Entsprechungen.
Achte darauf, dass du nicht automatisch **possibility** verwendest. Oft sind **opportunity/chance** oder **way** passender:

• **opportunity** oder **chance** entsprechen „Möglichkeit" im Sinne von „Gelegenheit, Chance". (**opportunity** ist etwas förmlicher als **chance**.)	After school, I had the **chance/opportunity** to go to Australia for a year. Dad says he has a better **chance/opportunity** of getting a job if we move to Bristol.
• Wenn „Möglichkeit" im Sinne von „Art und Weise" gemeint ist, kann man **way** verwenden.	We'll have to swim – there's no other **way** to get/of getting to the island.
• Wenn man sagen will, dass etwas möglicherweise der Fall sein könnte (aber es ist nicht sicher, vielleicht sogar unwahrscheinlich!), dann verwendet man **possibility**.	There is a **possibility** of snow in May, but it's not very likely.

work experience *(no pl)* [ˈwɜːk‿ɪkˌspɪəriəns]	Praktikum; Arbeitserfahrung(en), Praxiserfahrung(en)	Last summer I did some **work** ~ at our local supermarket. She has a strong computer background and a lot of **work** ~.
health [helθ]	Gesundheit	
clinic [ˈklɪnɪk]	Klinik	(F) la clinique

patient ['peɪʃnt]	Patient/in	❗ pronunciation and stress: **patient** ['peɪʃnt] Ⓛ pati *(leiden)*
p. 27 (to) **debate** sth. [dɪ'beɪt]	über etwas debattieren	We **~d** the topic of bringing mobiles to school. verb: (to) **debate** – noun: **debate** (Debatte)
racism ['reɪsɪzm]	Rassismus	❗ stress: **racism** ['reɪsɪzm] Ⓕ le racisme
racist ['reɪsɪst]	Rassist/in; rassistisch	**racist** ['reɪsɪst] Ⓕ le/la raciste
professional [prə'feʃənl]	professionell, Profi-	Ⓕ professionnel, le Ⓛ profiteri
swan [swɒn]	Schwan	**swans** 
medal ['medl]	Medaille	❗ stress: **medal** ['medl]
award [ə'wɔːd]	Preis, Auszeichnung	
(to) **stand up (for** sth./sb.**)** [ˌstænd‿'ʌp]	eintreten/sich einsetzen (für etwas/jn.)	It's important to **~ up for** your rights.
recognition [ˌrekəg'nɪʃn]	Anerkennung	She got an award in ~ of her fight against discrimination. Ⓛ recognoscere *(wiedererkennen)*
stand against sth.	Haltung gegenüber etwas, Widerstand gegen etwas	Martin Luther King is known for his strong ~ **against** discrimination.

(to) **be named** sth.	zu etwas ernannt werden	She **was** ~ sportsperson of the year.
(to) **criticize** sb. **(for)** ['krɪtɪsaɪz]	jn. kritisieren (wegen)	She was **~d for** her article in the school magazine. ! stress: **criticize** ['krɪtɪsaɪz] (F) critiquer
opposing [ə'pəʊzɪŋ]	gegnerisch	the ~ team
ape [eɪp]	Menschenaffe	three **apes** 
row [rəʊ]	Reihe	I don't like sitting in the front ~ in the cinema.
upset [ˌʌp'set]	aufgebracht, gekränkt, mitgenommen	He felt very ~ when the other kids called him names.
victory ['vɪktəri]	Sieg	(F) la victoire (L) victoria
comment ['kɒment]	Bemerkung, Kommentar	(F) le commentaire
innocent ['ɪnəsnt]	unschuldig	I didn't take the money! I'm ~! (F) innocent, e (L) innocens
(to) **put the blame (for** sth.**) on** sb. [bleɪm]	jm. (an etwas) die Schuld geben	My brother always tries to **put the ~ on** me when something goes wrong at home.

unfortunately [ʌn'fɔːtʃənətli]	leider, unglücklicherweise	We were planning a barbecue, but ~ it rained. **fortunately** (glücklicherweise) ◄► **unfortunately** (L) fortuna
(to) **bully** sb. ['bʊli]	jn. tyrannisieren, mobben	verb: (to) **bully** – noun: **bully**
appearance [ə'pɪərəns]	Erscheinung(sbild), Aussehen	I was shocked by his ~ – he looked much older than the last time we met. verb: (to) **appear** – noun: **appearance** (F) l'apparence *(f)* (L) apparere
industry ['ɪndəstri]	Industrie	! stress: **<u>in</u>dustry** ['ɪndəstri] (F) l'industrie *(f)* (L) industria
society [sə'saɪəti]	(die) Gesellschaft	! *No article:* **in (modern) society** **in der (modernen) Gesellschaft** (F) la société (L) societas
incident ['ɪnsɪdənt]	Vorfall, Zwischenfall	The police are still looking into the ~. (F) l'incident *(m)* (L) incidere
(to) **boo** [buː]	buhen; ausbuhen	The play was terrible. The audience ~**ed** the actors off the stage.
achievement [ə'tʃiːvmənt]	Errungenschaft, Leistung	Learning to play the guitar isn't easy. It's quite an ~, actually.
p. 29 **series**, *pl* **series** ['sɪəriːz]	(Sende-)Reihe, Serie	It's my favourite ~. I watch it every week. (L) series *f*
setting ['setɪŋ]	Schauplatz *(Film/Geschichte)*	The ~ of the film is a small village in Cornwall.

Unit 2 Relationships

pp. 34/ 35	**photographer** [fəˈtɒɡrəfə]	Fotograf/in	• **photo(graph)** [ˈfəʊtəʊ, ˈfəʊtəɡrɑːf] Foto • (to) **photograph** [ˈfəʊtəɡrɑːf] fotografieren • **photography** [fəˈtɒɡrəfi] Fotografie *(Hobby)* • **photographer** [fəˈtɒɡrəfə] Fotograf/in

Part A

p. 36	**novel** [ˈnɒvl]	Roman	(L) novus
	I reckon … [ˈrekən]	Ich schätze …, Ich nehme an …	= I guess …, I think …
	promise [ˈprɒmɪs]	Versprechen; Verheißung	verb: (to) **promise** – noun: **promise** (L) promittere
	salty [ˈsɔːlti]	salzig	noun: **salt** – adj: **salty** (L) sal
	(to) **treat** [ˈtriːt]	behandeln	verb: (to) **treat** – (F) traiter (L) tractare We should **treat** other people with respect. noun: **treatment** [ˈtriːtmənt] – (F) le traitement He needed **treatment** on his leg after he fell off his horse.
	haircut [ˈheəkʌt]	Haarschnitt	Your hair is too long. Go and get a ~. (… lass dir die Haare schneiden.)
	That's fine by me.	Das soll mir recht sein. / Von mir aus gern.	Shall we meet at six? – Sure, **that's ~ by me**. If you want to throw your life away, **that's ~ by me**.

(to) **vote (for** sb./sth.**)** [vəʊt]	(für jn./etwas) stimmen; wählen, zur Wahl gehen	Who are you going to ~ **for** as band of the year? In most countries you have to be 18 before you can ~. (F) voter (pour qn)
elections *(pl)* [ɪ'lekʃnz]	Wahlen	**Elections** for President of the United States are held every four years. (F) les élections *(f)* (L) eligere
subject ['sʌbdʒɪkt], ['sʌbdʒekt]	Thema	I'm reading a book on the ~ of terrorism. (F) le sujet ! **subject** = **1.** Subjekt; **2.** Schulfach; **3.** Thema
politics ['pɒlətɪks]	Politik	! • Das Wort **politics** ist Singular, trotz des **-s**: **Politics is** interesting for some people, and **it is** boring for others. • stress: **politics** ['pɒlətɪks] (F) la politique
sensitive ['sensətɪv]	empfindlich, sensibel; heikel; einfühlsam, empfindsam	Don't say anything about his big nose: he's very ~ about it. My girlfriend is a good listener and ~ to my feelings.
issue ['ɪʃuː], ['ɪsjuː]	Thema, (Streit-)Frage, Angelegenheit	Pocket money is a sensitive ~ in some families.
once *(conj)* [wʌns]	sobald, sowie, wenn	! **once** = **1.** *(adv)* einmal – We go there **once** a week. **2.** *(conj)* – **Once** you're finished, we can go.
waste [weɪst]	Verschwendung	noun: **waste** – The meal at that restaurant was awful – a **waste** of time and money. verb: (to) **waste** sth. **(on** sth.**)** – Water is limited. Don't **waste** it.

tree trunk ['triː trʌŋk] *(oder kurz:* **trunk***)*	Baumstamm	**a tree trunk** Ⓛ truncus 
p. 37 **chin** [tʃɪn]	Kinn	
(to) **tear** [teə], **tore** [tɔː], **torn** [tɔːn]	reißen, zerreißen	My jeans **tore** as I climbed over the fence. I was so angry that I **tore** the letter into pieces.
key [kiː]	Taste	
(to) **shake** [ʃeɪk], **shook** [ʃʊk], **shaken** ['ʃeɪkn]	zittern	Look, he's nervous: his hands are **shaking**. **!** (to) **shake** = **1.** schütteln; **2.** zittern
first aid [ˌfɜːst‿'eɪd]	Erste Hilfe	

(to) **breathe** [briːð]	atmen	verb: (to) **breathe** [briːð] – noun: **breath** [breθ]
skin [skɪn]	Haut	I need some face cream. My ~ is very dry.
cheek [tʃiːk]	Wange	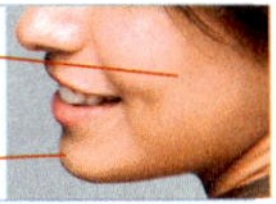
pulse [pʌls]	Puls, Pulsschlag	The doctor took his ~ and blood pressure. (L) pellere
brain [breɪn]	Gehirn	
oxygen ['ɒksɪdʒən]	Sauerstoff	(F) l'oxygène *(m)*
distant ['dɪstənt]	(weit) entfernt, fern	It will take you a long time to get to such a ~ place. The Romans ruled Britain in the ~ past. (L) distare *(entfernt sein)*
(to) **sink** [sɪŋk], **sank** [sæŋk], **sunk** [sʌŋk]	sinken	a **sinking** ship 
intelligent [ɪn'telɪdʒənt]	intelligent	! stress: **in<u>tel</u>ligent** [ɪn'telɪdʒənt] (F) intelligent, e (L) intellegere
occasionally [ə'keɪʒnəli]	gelegentlich, ab und zu	We used to see each other a lot but we only meet ~ now. (L) occasio
dreamy ['driːmi]	verträumt	verb: (to) **dream** – noun: **dream** – adj: **dreamy**

	immigrant ['ɪmɪgrənt]	Einwanderer/Einwanderin	! stress: **<u>im</u>migrant** ['ɪmɪgrənt] (F) l'immigrant, e / l'immigré, e (L) immigrare
	university [ˌjuːnɪ'vɜːsəti]	Universität	(F) l'université *(f)* (L) universus
pp. 38/ 39	**soap** [səʊp]	Seife	
	deodorant [di'əʊdərənt]	Deodorant	
	toothbrush ['tuːθbrʌʃ]	Zahnbürste	
	toothpaste ['tuːθpeɪst]	Zahnpasta	
	fridge [frɪdʒ]	Kühlschrank	
	can [kæn]	Dose	! • In *BE*, the word **can** is always used for <u>drinks</u>. To talk about <u>food</u>, the British usually use **tin**. • In *AE*, **can** is used for both <u>food</u> and <u>drinks</u>.
	pretty ['prɪti]	ziemlich	Your new glasses look ~ cool. ! **pretty** = **1.** *(adj)* hübsch; **2.** *(adv)* ziemlich

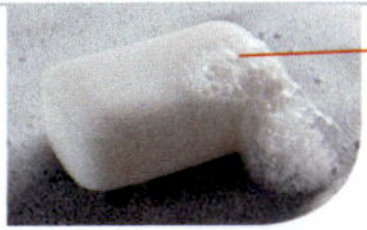

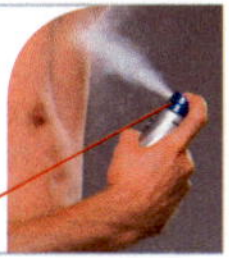

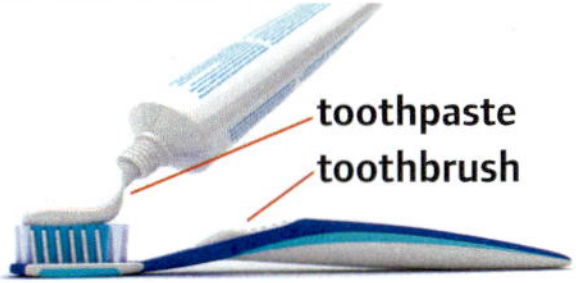

anyway ['eniweɪ]	trotzdem	

anyway	
1. Jedenfalls …	Is her mother American? – I don't really know. But **anyway**, she lives in California now. We'll arrive at 7:35 or 7:45, I'm not sure. **Anyway**, we'll be there before 8.
2. Und überhaupt, …	I don't have the time to go on holiday. **And anyway**, it's too expensive.
3. sowieso	I can give you a lift. I'm going there **anyway**.
4. trotzdem	It was freezing cold, but we went out **anyway**.

familiar [fə'mɪliə]	vertraut	New York's skyline is ~ to people all over the world. I know New York, but I'm not ~ with other American cities. (F) familier, familière (L) familiaris
awkward ['ɔːkwəd]	peinlich, unangenehm, schwierig	We felt rather ~ when Jake found out we hadn't invited him to the party. It was an ~ question and I had no idea how to answer it.
next door *(adv)* [ˌnekst 'dɔː]	nebenan	I couldn't sleep. The TV was on all night in the room **next** ~.
muscle ['mʌsl]	Muskel	*English:* He didn't move a **muscle**. (F) le muscle *German:* Er rührte sich nicht.
hand [hænd]	Uhrzeiger	
(to) **mean to do** sth.	etwas tun wollen; die Absicht haben, etwas zu tun	Sorry, I **~t to** phone you, but I forgot. I'm sorry, I didn't ~ **to** be rude.

	because of *(prep)*	wegen	**!** • *(conj)* I stayed at home **because** it rained. **weil** es regnete • *(prep)* I stayed at home **because of** the rain. **wegen** des Regens
	serious ['sɪəriəs]	ernst; ernsthaft	adj: **serious** – a **serious** illness/problem/... (F) sérieux, se (L) serius adv: **seriously** – **seriously** ill/injured/... (F) sérieusement
	first-person narrative ['nærətɪv]	Ich-Erzählung	(L) narrare
p. 41	**request** [rɪ'kwest]	Bitte, Wunsch	Unfortunately, nobody has reacted to my ~ for help. (L) requirere
	informal [ɪn'fɔːml]	informell; umgangssprachlich	**informal** ◄► **formal** ['fɔːml] (formell, förmlich) (F) informel, le ◄► formel, le
p. 42	(to) **be attracted to** sb. [ə'træktɪd]	sich zu jm. hingezogen fühlen	I'**m** really ~ **to** boys with blue eyes and a nice smile. (L) attrahere
	(to) **fall in love (with** sb.**)**	sich (in jn.) verlieben	*English:* (to) **fall in love with** sb. *German:* sich **in** jn. verlieben
	(to) **date** sb. [deɪt]	mit jm. gehen, mit jm. zusammen sein	Dad **~d** mum for years before they got married.

(to) **be seeing** sb.	mit jm. zusammen sein	They**'ve been** ~ each other for quite a while now, and next month they're going to get married.
(to) **break up (with** sb.**)** [ˌbreɪk‿ˈʌp]	Schluss machen (mit jm.), sich trennen (von jm.)	Jonathan's parents have **broken** ~ and are getting divorced soon.
(to) **get to know** sb.	jn. kennenlernen	My parents **got to** ~ each other in high school.
annoyed (with sb.**/ about** sth.**)** [əˈnɔɪd]	verärgert (über jn./etwas), irritiert	She was ~ **with** him because he was late again. My father often gets ~ **about** the government.
confused [kənˈfjuːzd]	verwirrt	He looked so ~ – he clearly didn't understand you. (F) confus, e (L) confundere
cross (with sb.**)** [krɒs]	böse, sauer (auf jn.)	Mum was ~ **with** me because I was late.
frightened [ˈfraɪtnd]	verängstigt	Don't be ~. Thunder sounds scary but it isn't dangerous.
hopeful [ˈhəʊpfl]	zuversichtlich, hoffnungsvoll	**hopeful – hopefully** • **hopeful** *(adj)* It might stop raining, but I'm not very **hopeful**. • **hopefully** *(adv)* **1.** We stood on the platform waiting **hopefully** for the train to arrive. (hoffnungsvoll, voller Hoffnung) **2.** **Hopefully** we'll have good weather for our picnic. (hoffentlich)

pessimistic [ˌpesɪ'mɪstɪk]	pessimistisch	**optimistic ◀▶ pessimistic** Ⓕ optimiste ◀▶ pessimiste
pleased [pliːzd]	froh, erfreut, zufrieden	I'm really ~ with my new mobile. It's much better than my old one. *English:* **Pleased** to meet you. *German:* Freut mich, Sie kennenzulernen.
furious (with/at sb.**)** ['fjʊəriəs]	wütend, zornig (auf jn.), wutentbrannt	He was ~ when I told him. I've never seen anyone so angry. Ⓕ furieux, se Ⓛ furor *m*
heartbroken ['hɑːtbrəʊkən]	todunglücklich, untröstlich	Sally was ~ after her dog died.
terrified ['terɪfaɪd]	entsetzt	*English:* (to) **be terrified** (of sth.) Ⓕ terrifié, e *German:* **schreckliche Angst** (vor etwas) **haben**
thrilled [θrɪld]	begeistert	I was ~ when I was offered the leading role in the play.
absolutely ['æbsəluːtli]	völlig, absolut	I wasn't just hungry – I was **absolutely** starving. ! Wenn **absolutely** als zustimmende Entgegnung benutzt wird, liegt die Hauptbetonung auf der 3. Silbe: The show was fantastic, wasn't it? Ⓛ absolvere – **Absolutely**! [ˌæbsə'luːtli] *(loslösen)*
ex- [eks]	Ex-; ehemalige(r, s)	my **ex**-boyfriend/girlfriend; London's **ex**-mayor
male [meɪl]	männlich; männliche Person; Männchen	Most of the workers here are ~. The police are looking for a 40-year-old ~.

	female ['fiːmeɪl]	weiblich; weibliche Person; Weibchen	**Females** often earn less money than males. **male ◄► female**
	acquaintance [ə'kweɪntəns]	Bekannte(r)	I wouldn't say he's a real friend. He's just an ~.
p. 43	(to) **enter** sth. ['entə]	etwas eingeben, eintragen	Please ~ your name on this list. (L) intrare
	password ['pɑːswɜːd]	Passwort	You shouldn't tell other people your ~**s**.
	(to) **update** sth. [ˌʌp'deɪt]	etwas aktualisieren, auf den neuesten Stand bringen	
	status ['steɪtəs]	Status	Philip has just updated his ~. (L) status
	account [ə'kaʊnt]	Account, Konto	You'll need some ID to open a bank ~. How do I change the password of my email ~?

Part B

p. 44	**murder** ['mɜːdə]	Mord	! (to) **murder** (er)morden – **murder** Mord – **murderer** Mörder/in
	(to) **declare** sth. [dɪ'kleə]	etwas erklären, verkünden	He was furious with me and ~**d** that he never wanted to see me again. The United Kingdom ~**d** war on Germany on 3 September 1939. (F) déclarer (L) declarare
	husband ['hʌzbənd]	Ehemann	! ihr Mann = her **husband** (*not:* her ~~man~~)
	wife [waɪf], *pl* **wives** [waɪvz]	Ehefrau	! seine Frau = his **wife** (*not:* his ~~woman~~)

	you **ought to** stop … [ɔːt]	du solltest aufhören, …	Some people say we ~ **to** stop eating meat. (= … we should stop eating meat.)
	diet ['daɪət]	Ernährung(sweise), Speiseplan; Diät	Fruit and vegetables are important for a healthy ~. The doctor said I needed to go on a ~. ! pronunciation and stress: **diet** ['daɪət]
	protein ['prəʊtiːn]	Protein, Eiweiß	! stress: **protein** ['prəʊtiːn]
	healthy ['helθi]	gesund	**healthy ◄► sick, ill**
	(to) **be supposed to do** sth. [sə'pəʊzd]	etwas tun sollen	We**'re not** ~ **to** use our mobiles at school, but some of us do. I haven't heard their new album yet, but it**'s** ~ **to** be really good.
	pasta *(no pl)* ['pæstə]	Nudeln	a plate of **pasta**  *English:* **Pasta is** my favourite food. *German:* **Nudeln sind** mein Lieblingsessen.
p. 46	**cultural** ['kʌltʃərəl]	kulturell	noun: **culture** – adj: **cultural** ! stress: **culture**, **cultural** ['kʌltʃə], ['kʌltʃərəl] (F) culturel, le (L) colere *(pflegen, verehren)*

	communication [kəˌmjuːnɪ'keɪʃn]	Kommunikation, Verständigung	(F) la communication (L) communis *(gemeinsam)*
p. 47	**statistics** *(pl)* [stə'tɪstɪks]	Statistik	**Statistics** show that London's population is continuing to grow. (F) les statistiques
	bar chart ['bɑː tʃɑːt]	Balkendiagramm	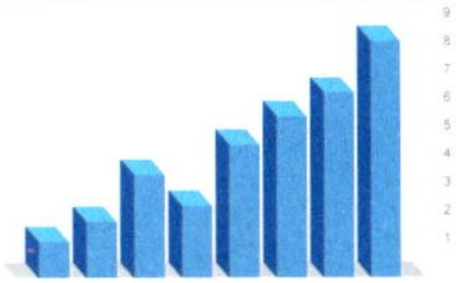 a **bar chart** 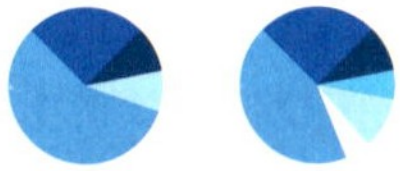 **pie charts**
	pie chart ['paɪ tʃɑːt]	Tortendiagramm	
	chart [tʃɑːt]	Tabelle, Schaubild	
	average ['ævərɪdʒ]	durchschnittlich; Durchschnitt	The ~ age of students in our year is 16.5. I practise the piano two hours a day **on ~**. (= im Durchschnitt, durchschnittlich)
	length [leŋθ]	Länge; Dauer	The swimming pool has a ~ of 25 metres. I'd say the average ~ of films on DVD is 90 minutes.
	useful ['juːsfl]	nützlich	You'll find this map ~ for finding your way around town. (L) usus
	percentage [pə'sentɪdʒ]	Prozentsatz; prozentualer Anteil	What ~ of your pocket money do you spend on clothes? (F) le pourcentage (L) centum
	chore [tʃɔː]	(Haus-)Arbeit; *(lästige)* Pflicht	What **~s** do you do at home? – I wash the dishes and walk the dog.
	(to) **realize** sth. ['riːəlaɪz]	etwas erkennen; sich einer Sache bewusst werden	When I got home, I **~d** that I had left my bag on the train. (F) réaliser qc

p. 48 **amount (of)** [ə'maʊnt]	Betrag, Menge; Höhe *(von Gehalt, Taschengeld)*	£300? I wouldn't pay that ~ for a pair of jeans. Now add a small ~ **of** salt to the soup.
(to) **insist on** sth. [ɪn'sɪst]	auf etwas bestehen	I didn't want to go to the Millers but Mum **~ed**. Dad always **~s on** me helping him clean the car. (F) insister (L) insistere
value ['vælju:]	Wert	Do young people share older people's **~s**? The ~ of our car has gone down by £2000 since I bought it. (F) la valeur (L) valere
tidy ['taɪdi]	ordentlich, aufgeräumt	
cash [kæʃ]	Bargeld; *(infml auch:)* Geld	You have to pay ~ in this shop – you can't use a card. *English:* (to) **pay cash** – *German:* **bar bezahlen**
simply ['sɪmpli]	einfach	adj: **simple** – This is a very **simple** recipe, so you should be able to follow it. adv: **simply** – What are you trying to say? Can you put it more **simply**, please?
They **run out of** money.	Ihnen geht das Geld aus. / Bei ihnen wird das Geld knapp.	**(to) run out (knapp werden; zu Ende gehen)** • **Time is running out.** (Die Zeit wird knapp.) • **We're running out of time.** (Wir haben keine Zeit mehr.) • **It was so hot that the shops ran out of cold drinks.** (…, dass den Geschäften die kalten Getränke ausgingen.)

	(to) **encourage** sb. [ɪn'kʌrɪdʒ]	jn. ermutigen, jn. ermuntern	My parents **~d** me to go abroad for a year.
	perhaps [pə'hæps]	vielleicht	= maybe
	certain ['sɜːtn]	bestimmte(r, s), gewisse(r, s)	Try to save a ~ amount of money each month. A ~ Mr Davidson called this morning. (L) certus
	habit ['hæbɪt]	(An-)Gewohnheit	something you do regularly: Smoking is a bad ~. (L) habere
p. 49	**agreement** [ə'griːmənt]	Einigung; Vereinbarung	After a long discussion, we finally reached ~. (… haben wir uns schließlich geeinigt.)
	(to) **express** [ɪk'spres]	ausdrücken, zum Ausdruck bringen	"In my opinion", "In my view" and "I think" are useful phrases to ~ your opinion. (L) exprimere
	(to) **stress** [stres]	betonen	noun: **stress** – verb: (to) **stress**
	hen [hen]	Huhn, Henne	
	(to) **agree to differ**	sich darauf einigen, dass man verschiedener Ansicht ist; einsehen, dass man sich nicht einigen kann	The argument could have gone on and on, so we **~d to differ**.
	(to) **remind** sb. [rɪ'maɪnd]	jn. erinnern	Please ~ me that it's Grandma's birthday on Friday. I want to call her. Grandpa always says I ~ him of his sister. ! • **remember sth.** = sich an etwas erinnern Do you **remember** her name? • **remind sb.** = jn. erinnern I mustn't forget. Please **remind** me.

Part C

p. 50 **refugee** [ˌrefju'dʒiː]	Flüchtling	Ⓕ le réfugié, la réfugiée
youth [juːθ]	Jugend; Jugend-	It's cheaper to stay at a ~ hostel than at a hotel.
organization [ˌɔːgənaɪ'zeɪʃn]	Organisation	**!** stress: **organization** [ˌɔːgənaɪ'zeɪʃn] Ⓕ l'organisation *(f)*
(to) **run** an organization / a business / a hotel/…, **ran, run**	eine Organisation / eine Firma / ein Hotel leiten, führen	My uncle **~s** a motel near New Orleans.
(to) **publish** ['pʌblɪʃ]	veröffentlichen	The first Harry Potter book was **~ed** in 1997. Ⓕ publier Ⓛ publicus
friendship ['frendʃɪp]	Freundschaft	
(to) **fill in a form**	ein Formular ausfüllen	
distance ['dɪstəns]	Distanz, Entfernung	**!** stress: **distance** ['dɪstəns] Ⓕ la distance Ⓛ distare *(entfernt sein)* *English:* (to) **travel long distances** *German:* weite Strecken fahren/zurücklegen
transport ['trænspɔːt]	Verkehrsmittel; Transport(wesen)	**!** stress: **transport** ['trænspɔːt] Ⓕ le transport Ⓛ trans + portare different forms of **transport** 

(to) **face** sth. [feɪs]	vor etwas stehen; mit etwas konfrontiert werden *(Problem)*	Jamie, ~ the facts. You'll never be a rock star. As a single parent, you have to ~ problems other parents don't have to deal with. (L) facies
(to) **fit in** [ˌfɪt‿ˈɪn]	sich einfügen, seinen Platz finden; hineinpassen	At first, I found it difficult to ~ **in** at my new school. There are some students in my sister's class who just don't ~ **in**.
(to) **act** [ækt]	handeln, sich verhalten	When you get older you're expected to ~ more responsibly. (L) agere
(to) **adapt (to** sth.**)** [əˈdæpt]	sich (einer Sache) anpassen	When they moved to India, it took some time to ~ **to** the climate. (F) s'adapter (L) ad + aptare
(to) **get used to** sth. [juːst]	sich an etwas gewöhnen	When we were in England, it was strange to drive on the left, but we soon **got** ~ **to** it. *English:* We **got used** **to driving** on the left. *German:* Wir **gewöhnten uns daran**, links **zu fahren**. ! *Nicht verwechseln:* • Did you know that people once **used to drive** on the left in Sweden? (… früher einmal … fuhren) • After a couple of days we **got used to driving** on the left. (… gewöhnten uns daran, … zu fahren)
(to) **end up doing** sth.	schließlich etwas tun	My aunt started her career washing the dishes in a hotel. She ~**ed up** owning the place.
responsibility [rɪˌspɒnsəˈbɪləti]	Verantwortung	Having children is a big ~. adj: **responsible** [rɪˈspɒnsəbl] – noun: **responsibility** [rɪˌspɒnsəˈbɪləti] (F) la responsabilité

within [wɪ'ðɪn]	innerhalb (von)	Do you think you can finish your project ~ a week? We respect all cultures ~ our community.
advisor [əd'vaɪzə] (*auch:* **adviser**)	Berater/in	verb:(to) **advise** – noun: **1. advice** (Rat); **2. advisor, -ser** (Berater/in)
carer ['keərə]	Betreuer/in	The old man couldn't look after himself any longer and needed a ~.
(to) **be dependent on** sb./sth. [dɪ'pendənt]	von jm./etwas abhängig sein, auf jn./etwas angewiesen sein	Children **are ~ on** their parents until they start to earn money. Ⓕ dépendre Ⓛ dependere
(to) **get to do** sth.	etwas tun können/dürfen; die Möglichkeit haben/ bekommen, etwas zu tun	I only **~ to go** to the party tonight if I finish all my homework.
not … anywhere ['eniweə]	nirgendwo; nirgendwohin	Where's my key? I ca**n't** see it ~. I do**n't** want to go ~. I just want to stay at home. **somewhere ◄► not … anywhere**
p. 51 **shop window**	Schaufenster	a **shop window** 

apron ['eɪprən]	Schürze	 **aprons**
(to) **be in a hurry** ['hʌri]	in Eile sein, es eilig haben	
normally ['nɔːməli]	normalerweise; normal	Come for dinner tomorrow. We ~ eat around seven. I tried to act ~, but it was difficult to hide how nervous I was. (F) normal, e – normalement adj: **normal** – adv: **normally**
stiff [stɪf]	steif	If you feel ~, you should take a hot shower. The party was a ~ event – everyone just made polite conversation.
including [ɪn'kluːdɪŋ]	einschließlich; darunter (auch)	A lot of famous bands have played here, ~ *Deep Purple* and *Coldplay*. (L) includere *(einschließen)* ! • The price is £48, **including** breakfast. (… **einschließlich** Frühstück.) • Breakfast is **included**. (Frühstück ist **inbegriffen**.)
tandem ['tændəm]	Tandem	a **tandem** 

hub [hʌb]	Mittelpunkt, (Verkehrs-)Knotenpunkt	
handmade [ˌhænd'meɪd]	handgemacht	**Handmade** chocolates are more expensive than ones made in factories.

Unit 3 Big dreams – small steps

pp. 56/57	**army** ['ɑːmi]	Armee	After he left school, he joined the ~. (F) l'armée *(f)* ! stress: **<u>ar</u>my** ['ɑːmi] (L) arma *(die Waffen)*
	athlete ['æθliːt]	Athlet/in, Sportler/in	! stress: **<u>ath</u>lete** ['æθliːt] (F) l'athlète *(m, f)*
	global warming [ˌgləʊbl 'wɔːmɪŋ]	Erderwärmung, Erwärmung der Erdatmosphäre	
	make a difference	etwas bewirken, etwas bewegen	Does voting **make a** ~? What do you think?
	(to) **repair** [rɪ'peə]	reparieren	My bike is broken and needs to be ~**ed**. (F) réparer (L) reparare *(wiederherstellen)*
	scientific [ˌsaɪən'tɪfɪk]	(natur)wissenschaftlich	noun: **science** – adj: **scientific** (F) scientifique (L) scientia *(Wissen)*
	skydiving ['skaɪdaɪvɪŋ]	Fallschirmspringen	**skydiving** 

(to) **achieve** [ə'tʃiːv]	erreichen *(Ziel)*, erzielen *(Resultat)*; zustande bringen	Hmm, this isn't the result we wanted to ~. I've been working all day, but I haven't **~d** much.
goal [gəʊl]	Ziel	! • ein Ziel erreichen = (to) **achieve a goal** • einen Ort erreichen = (to) **reach a place** / (to) **arrive at a place**
deadline ['dedlaɪn]	(letzter) Termin	The ~ for this assignment is 1 May.
(to) **fail (to do** sth.**)** [feɪl]	versagen, scheitern (beim Versuch, etwas zu tun)	I **~ed** to lift the rock: it was just too heavy. (to) **pass a test** ◄► (to) **fail a test** (einen Test nicht bestehen)
application [ˌæplɪ'keɪʃn]	Bewerbung	*English:* **letter of application** *German:* **Bewerbungsschreiben**
(to) **apply (for** sth.**)** [ə'plaɪ]	sich (um/für etwas) bewerben	He **applied** for the job, but he didn't get it. I'd love to go to university in Berlin, but I think it's better to ~ to more than one university.

Part A

p. 58	**excerpt (from)** ['eksɜːpt]	Auszug (aus)	This is a short ~ from a long novel. (L) excipere *(herausnehmen)*
	vice- [vaɪs]	Vize-	! pronunciation: **vice** [vaɪs]
	former ['fɔːmə]	ehemalige(r, s), frühere(r, s)	Australia is a ~ British colony.
	(to) **be about to do** sth.	im Begriff sein, etwas zu tun; kurz davor sein, etwas zu tun	I was ~ **to go** to bed when the doorbell rang.

court [kɔːt]	Spielfeld	 a basketball **court**  a tennis **court**
identical [aɪ'dentɪkl]	identisch	The two versions are very similar but not totally ~. (F) identique
(to) **shave** [ʃeɪv]	(sich) rasieren	 He's **shaving**.  a **shaved** head (ein kahlgeschorener Kopf)
(to) **pass** [pɑːs]	abspielen, passen *(Ball)*	I **~ed** to John, who scored the third goal. (F) passer
the Bible ['baɪbl]	die Bibel	! pronunciation: **the Bible** ['baɪbl]
religious [rɪ'lɪdʒəs]	religiös	noun: **religion** – adj: **religious** (F) réligieux,réligieuse (L) religio *(Glaube)*
bald [bɔːld]	kahl, glatzköpfig	
(to) **tell, told, told**	erkennen, feststellen	Can you ~ the difference between these pictures? They're identical twins. I can never ~ who's who.

embarrassing [ɪm'bærəsɪŋ]	peinlich	My mother saw us at the café. – How ~. verb: (to) **embarrass** sb. (jn. in Verlegenheit bringen) adj: **embarrassing**
p. 59 (to) **fold** [fəʊld]	falten	Take a sheet of paper and ~ it in two. (… und falte es in der Mitte zusammen)
(to) **match** [mætʃ]	zusammenpassen	Some people say that blue and green don't ~. Grandma was wearing a grey coat with a **~ing** hat.
fly [flaɪ]	Fliege	a **fly** 
web [web]	(Spinnen-)Netz	
(to) **hand** sth. **over** [ˌhænd‿'əʊvə]	etwas übergeben, aushändigen	What's that behind your back? **Hand** it ~ immediately.
heat [hiːt]	Hitze, Wärme	adjs: **hot** ◄► **cold** nouns: **heat** ◄► **cold**
sweat [swet]	Schweiß	! pronunciation: **sweat** [swet]
neither … nor … ['naɪðə … nɔː, 'niːðə … nɔː]	weder … noch …	**Neither** Jake ~ Gareth were invited to the party. Only Philip was invited.
(to) **cheat** [tʃiːt]	schummeln, mogeln; betrügen	Jo failed the test because our teacher found she **~ed**.
since [sɪns]	da, weil	I won't eat ~ we're going to a restaurant later. ! **since** = **1.** seit; **2.** da, weil

decent ['diːsnt]	anständig	Your skirt is much too short. It's not ~. Ⓛ decens ❗ stress: **decent** ['diːsnt]
(to) **matter** ['mætə]	von Bedeutung sein, wichtig sein	Do you want to see change in our school? Tell us what you think! Your opinion **~s**.
water pipe ['wɔːtə paɪp]	Wasserleitung, Wasserrohr	
(to) **burst, burst, burst** [bɜːst]	platzen	a **burst water pipe** 
p. 60 **talent** ['tælənt]	Talent	❗ stress: **talent** ['tælənt] Ⓕ le talent
intelligence [ɪn'telɪdʒəns]	Intelligenz	❗ noun: **intelligence** [ɪn'telɪdʒəns] – adj: **intelligent** [ɪn'telɪdʒənt] Ⓕ l'intelligence *(f)* – intelligent, e Ⓛ intellegere *(begreifen)*
gift [gɪft]	Geschenk; Gabe	She has a ~ for understanding things very quickly.
Santa ['sæntə] *(kurz für:* **Santa Claus** ['sæntə klɔːz])	der Weihnachtsmann	Ⓛ sanctus, -a, -um *(heilig)*
(to) **pick** [pɪk]	wählen, auswählen, aussuchen	(to) choose
stoplight ['stɒplaɪt] *(AE)*	Ampel	= *BE* traffic light(s)
character ['kærəktə]	Charakter	❗ stress: **character** ['kærəktə] Ⓕ le caractère

brave [breɪv]	mutig, tapfer	She was very ~: she jumped into the river and saved the little dog's life. ! • ein **mutiges** Kind = a **brave** child • ein **braves** Kind = a **well-behaved** child / a **good** child
competitive [kəm'petətɪv]	leistungsorientiert, ehrgeizig; Wettkampf-, Leistungs-	Steve is very ~ and always wants to win. This isn't a ~ race – it's just for fun.
(to) **be crazy about** sth./sb.	verrückt nach etwas/jm. sein	Dad and his friends **are** ~ **about** old motorbikes. They spend an awful lot of money on them.
loyal ['lɔɪəl]	loyal, treu ergeben	! stress: **loyal** ['lɔɪəl] (F) loyal, e
p. 61 **emotion** [ɪ'məʊʃn]	Gefühl, Emotion	! stress: **emotion** [ɪ'məʊʃn] (F) l'émotion *(f)*
sense of humour [ˌsens‿əv 'hjuːmə]	(Sinn für) Humor	*English:* He has **a good sense of humour** / **no sense of humour.** *German:* Er hat **Humor** / **keinen Humor**.
quality ['kwɒləti]	Eigenschaft, Qualität	What **qualities** does a good teacher need? ! stress: **quality** ['kwɒləti] (F) la qualité (L) qualis *(wie beschaffen?)*
particular [pə'tɪkjələ]	bestimmte(r, s), spezielle(r, s)	Are you looking for a ~ kind of bike? (F) particulier, particulière
generous ['dʒenərəs]	großzügig	You got a pony? That's very ~ of your parents. (F) généreux, généreuse (L) generosus *(edelmutig)*
hard-working [ˌhɑːd'wɜːkɪŋ]	fleißig	

lazy ['leɪzi]	faul	**hard-working ◄► lazy**
mean [miːn]	gemein	Don't be so ~ to your brother. It's not fair.
tolerant (of) ['tɒlərənt]	tolerant (gegenüber)	I'm very ~ **of** others even if I don't agree with them. ! stress: **<u>to</u>lerant** ['tɒlərənt] (F) tolérant, e (L) tolerare *(ertragen)*
suffix ['sʌfɪks]	Suffix, Nachsilbe	**prefix** (Vorsilbe) ◄► **suffix** (Nachsilbe) (F) le préfixe ◄► le suffixe
opposite ['ɒpəzɪt]	entgegengesetzt	That's the wrong way. Let's go in the ~ direction. (L) opponere *(entgegenstellen)*
(to) **recognize** ['rekəgnaɪz]	erkennen	Oh, it's you! I didn't ~ you: have you been to the hairdresser's? (L) recognoscere *(wiedererkennen)*
p. 62 **prediction** [prɪ'dɪkʃn]	Vorhersage, Voraussage	What is your ~ for the *Bundesliga* this year? Who will win? (L) praedicere *(vorhersagen)*
category ['kætəgəri]	Kategorie	! stress: **<u>ca</u>tegory** ['kætəgəri] (F) la catégorie
canoeing [kə'nuːɪŋ]	Kanufahren; Kanusport	**canoe** She's about to go **canoeing**. 
poetry ['pəʊətri]	Lyrik, Dichtung, Poesie	(L) poeta *(Dichter)*

Part B

p. 64	**experiment** [ɪk'sperɪmənt]	Experiment	❗ stress: **experiment** [ɪk'sperɪmənt] Ⓛ experiri *(erproben)*
	virus ['vaɪrəs], *pl* **viruses** ['vaɪrəsɪz]	Virus	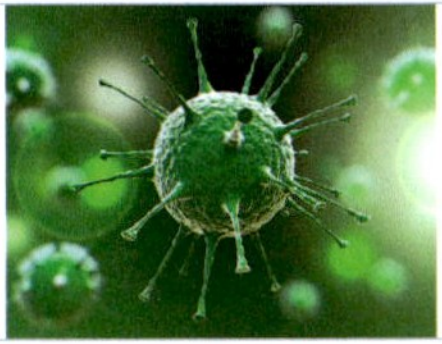 
	(to) **diagnose** ['daɪəgnəʊz]	diagnostizieren	Doctors can't treat a patient until they have ~**d** the illness.
	the sooner …, the better …	je eher …, desto besser …	

German "je …, desto …"

The sooner you start, **the sooner** you'll be finished.	Je eher du anfängst, desto eher bist du fertig.
The more you practise, **the better** you'll become.	Je mehr du übst, desto besser wirst du.
The later the evening, **the more beautiful** the guests.	Je später der Abend, desto schöner die Gäste.

refrigeration [rɪˌfrɪdʒə'reɪʃn]	Kühlung	Without ~, meat starts to smell after a few hours. Ⓛ frigidus *(kalt)*
lab [læb] *(kurz für:* **laboratory** [lə'bɒrətri])	Labor	Ⓕ le laboratoire Ⓛ laborare *(arbeiten)*
company ['kʌmpəni]	Firma	My uncle works for an oil ~ in Scotland.

(to) **refuse (to do** sth.**)** [rɪ'fjuːz]	sich weigern (, etwas zu tun); ablehnen	He **~d** to help his brother although he had problems. She was very proud and **~d** her friend's help. (F) refuser
chemical ['kemɪkl]	Chemikalie	
in time (for)	rechtzeitig (zu/für)	If we hurry up, we might get home **in ~ for** the news.
passion ['pæʃn]	Leidenschaft	Music isn't just my hobby - it's my ~! (F) la passion (L) pati *(leiden)*
(to) **develop** [dɪ'veləp]	entwickeln; sich entwickeln	Our company **~s** and sells software. (F) développer The village **~ed** into a town in only ten years.
current ['kʌrənt]	aktuelle(r, s), gegenwärtige(r, s)	This song is the ~ number 1 in the USA. (L) currere *(laufen)*
(to) **submit** sth. **(to)** [səb'mɪt]	etwas einreichen (bei)	Please ~ your report by the end of the week.
fair [feə]	Ausstellung, Messe	
(to) **include** [ɪn'kluːd]	einschließen; beinhalten	Does the trip ~ a tour of the Tower of London? Our group also **~d** three children. (= Zu unserer Gruppe gehörten auch drei Kinder.) (F) inclure (L) includere *(einschließen)*
medicine ['medsn, 'medɪsn]	Medizin; Arznei	! stress: **medicine** ['medsn, 'medɪsn] (F) la médecine (L) medicina *(Heilkunst, -mittel)*
such as ['sʌtʃ‿əz]	wie etwa	I like ball sports **such** ~ football, basketball or hockey. (= … like football, basketball or hockey)

motivation [ˌməʊtɪ'veɪʃn]	Motivation, Beweggrund	I need to finish my homework but don't feel any ~. (F) la motivation (L) movere *(bewegen)*
p. 65 **mouse** [maʊs], *pl* **mice** [maɪs]	Maus	 a **mouse** (L) mus
evolution [ˌiːvə'luːʃn]	Evolution	the way life-forms change over generations (F) l'évolution *(f)*
(to) **tackle** sth. ['tækl]	etwas in Angriff nehmen	The government must ~ the problem of racism.
biology [baɪ'ɒlədʒi]	Biologie	! stress: **bi<u>o</u>logy** [baɪ'ɒlədʒi] (F) la biologie
equal ['iːkwəl]	gleich	Do men and women really have ~ rights? (L) aequus, -a, -um *(gleich)*
fur [fɜː]	Fell; Pelz	**fur** 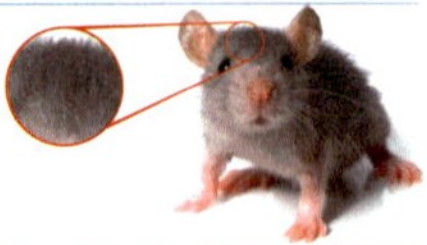
thick [θɪk]	dick	! *German* **dick** = 1. **fat** *(person, animal)* 2. **thick** *(book, pullover, sauce, skin, wall, …)*
blind alley [ˌblaɪnd‿'æli]	Sackgasse, Irrweg	**blind** = blind • **alley** = Gasse

(to) **have** sth. **done**	etwas machen *(erledigen)* lassen	Your hair looks nice. Did you cut it yourself or did you ~ **it cut**? There's something wrong with our car. We need to ~ **it checked**.
in the long term [tɜːm]	langfristig, auf lange Sicht	Is buying expensive things cheaper **in the long** ~?
understanding [ˌʌndəˈstændɪŋ]	Verständnis	My brother has a good ~ of computers but isn't very good at languages.
principle [ˈprɪnsəpl]	Prinzip	! stress: **principle** [ˈprɪnsəpl] (F) le principe
they **do eat** more white mice	sie fressen wirklich mehr weiße Mäuse	

"do/does/did" in positive statements

In bejahten Aussagesätzen im *simple present* und *simple past* kannst du ***do/does/did*** **+ Infinitiv** verwenden, um dem folgenden Verb besonderen Nachdruck zu verleihen. Das Hilfsverb ***do/does/did*** trägt in diesen Fällen die Hauptbetonung.

I **do like** that dress. It **does look** good on you.	Das Kleid gefällt mir wirklich gut. Es steht dir echt gut.
Why don't you help me? You **did promise.**	... Du hast es doch versprochen.
Maybe we're early. – But they **did say** eight o'clock.	... Aber sie haben wirklich acht Uhr gesagt.

(to) **succeed (in** sth.**)** [səkˈsiːd]	erfolgreich sein, Erfolg haben (mit etwas, bei etwas)	(to) be successful (at sth.) If you want to ~ in life, you have to make mistakes.

p. 66	(to) **announce** [ə'naʊns]	bekanntgeben, verkünden	The winner will be **~d** tomorrow. verb: (to) **announce** – noun: **announcement** (F) annoncer (L) annuntiare
	spontaneous [spɒn'teɪniəs]	spontan	He hadn't planned to go; it was a ~ decision.
	pirate ['paɪrət]	Pirat/in	! pronunciation: **pirate** ['paɪrət] (F) le/la pirate
p. 67	(to) **focus (on** sth.**)** ['fəʊkəs]	sich (auf etwas) konzentrieren	The text about mice **~ed** on evolution.
p. 68	(to) **search** sth. **for** sth. [sɜːtʃ]	etwas nach etwas durchsuchen	The police **~ed** the whole flat **for** clues, but they couldn't find any.
	(to) **save** [seɪv]	speichern, sichern *(Daten)*	! **save** = **1.** retten – She **saved** the dog's life. **2.** sparen – **Save** money. Shop at *Cheapster.* **3.** speichern, sichern – I **save** my work every five minutes.
	(to) **limit** sth. **(to)** ['lɪmɪt]	etwas beschränken, begrenzen (auf); etwas einschränken	The audience was **~ed to** 600 people. (F) limiter verb: (to) **limit** – noun: **limit** (L) limes *m (Grenzlinie)*
	carefully ['keəfəli]	sorgfältig, aufmerksam	! **carefully** = **1.** vorsichtig – Drive **carefully**. **2.** sorgfältig, aufmerksam – Listen **carefully**. / Read the description **carefully**.
	(to) **produce** [prə'djuːs]	produzieren, erzeugen, herstellen	Who **~s** more cheese – France or Germany? (F) produire (L) producere *(hervorbringen)*
	source [sɔːs]	Quelle	I think a book ist better for research than an online ~. (F) la source

	unless [ən'les]	es sei denn; außer (wenn)	You'll fail the test ~ you work harder. (= … if you don't work harder)
	(to) **quote** [kwəʊt]	zitieren	verb: (to) **quote** – noun: **quotation, quote**
	quotation marks *(pl)* [kwəʊ'teɪʃn mɑːks]	Anführungszeichen, -striche	
p. 69	**gesture** ['dʒestʃə]	Geste, Handbewegung	The most common ~ is probably nodding your head. (F) le geste

Part C

p. 70	**mascot** ['mæskət]	Maskottchen	! stress: **mascot** ['mæskət]
	marathon ['mærəθən]	Marathon	(F) le marathon
	(to) **sew** [səʊ], **sewed** [səʊd], **sewn** [səʊn]	nähen	She's **sewing** a button on. (Knopf) ! pronunciation: **sew** [səʊ]
	creative [kri'eɪtɪv]	kreativ	! stress: **creative** [kri'eɪtɪv] (F) créatif, créative (L) creare *(schaffen, hervorbringen)*
	(to) **rely on** sb./sth. [rɪ'laɪ]	sich auf jn./etwas verlassen	Can I ~ **on** you to remember to phone me tomorrow?
	(to) **contact** sb. ['kɒntækt]	Kontakt zu jm. aufnehmen, sich bei jm. melden	noun: **contact** – verb: (to) **contact** ! stress: **contact** ['kɒntækt] (F) contacter (L) contingere

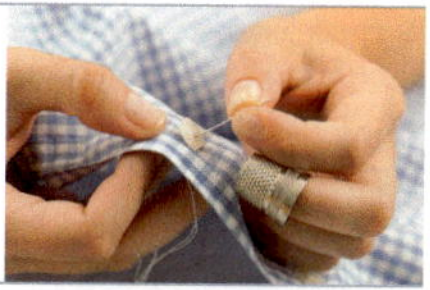

(to) **damage** ['dæmɪdʒ]	(be)schädigen, schaden	Smoking **~s** your health. The car had hit a tree. It was badly **~d**. (L) damnum *(Schaden)*
trust [trʌst]	Stiftung	The National **Trust** owns many historical buildings in the UK.
(to) **restore** [rɪ'stɔː]	restaurieren, wiederherstellen	 He's **restoring** an old chair. (F) restaurer (L) restituere *(wiederherstellen)*
applicant ['æplɪkənt]	Bewerber/in	There were over 30 **~s** for the job. (L) applicare
CV (curriculum vitae) [ˌsiː 'vi, kəˌrɪkjələm 'viːtaɪ] *(BE)*	Lebenslauf	At the age of 15, your **CV** is probably not very long.
personal ['pɜːsənl]	persönlich	Could we meet? I need to talk about a ~ problem. (F) personnel, le
statement ['steɪtmənt]	Aussage, Erklärung	**personal statement** = Motivationsschreiben *(bei Bewerbungen)*
candidate ['kændɪdət]	Bewerber/in, Kandidat/in	! stress: **candidate** ['kændɪdət] (F) le candidat, la candidate (L) candidatus
date [deɪt]	Datum	(F) la date (L) dare *(geben)*
reverse [rɪ'vɜːs]	umgekehrte(r, s), entgegengesetzte(r, s)	How quickly can you say the alphabet in ~ order? (L) reverti *(zurückkehren)*
term [tɜːm]	Ausdruck, Begriff	

(to) **proofread** sth. ['pruːfriːd], **proofread, proofread** [-red]	etwas Korrektur lesen	Before you send off your application, have it **proofread** by somebody to make sure there are no mistakes in it.
p. 71 **neighbourhood** ['neɪbəhʊd]	Viertel, Gegend, Umgebung; Nachbarschaft	Do you live in a poor or rich ~?
(to) **increase** [ɪn'kriːs]	erhöhen, steigern, vergrößern; (an)steigen, zunehmen	They have **~d** the price of the book to €20. House prices in London have **~d** again. (L) increscere *(anwachsen)*
knowledge *(no pl)* ['nɒlɪdʒ]	Wissen; Kenntnis(se)	Boris has a great ~ of Latin and Greek. verb: (to) **know** [nəʊ] – noun: **knowledge** ['nɒlɪdʒ]
to date	bis heute, bis jetzt	I think his latest book is his best **to** ~.
secondary school ['sekəndri]	weiterführende Schule	
primary school ['praɪməri]	Grundschule	
qualification [ˌkwɒlɪfɪ'keɪʃn]	Qualifikation	What **~s** do you need for this job? (F) la qualification
felt craft ['felt krɑːft]	Filzen	
completion [kəm'pliːʃn]	Abschluss; Fertigstellung	(L) complere *(anfüllen)*
IT [ˌaɪ 'tiː] **(information technology** [tek'nɒlədʒi]**)**	IT (Informationstechnologie)	
Roman ['rəʊmən]	römisch	(F) romain, e (L) Romanus

Unit 4 Connecting through English

pp. 76/ 77	**issue** ['ɪʃuː], ['ɪsjuː]	Ausgabe, Nummer *(einer Zeitschrift)*	❗ **issue** = **1.** Thema, (Streit-)Frage, Angelegenheit **2.** Ausgabe, Nummer *(einer Zeitschrift)*
	gap [gæp]	Lücke	The horses escaped through a ~ in the fence. Fill in the **~s** with the right verb from the box. ❗ **a gap year** = ein Jahr Auszeit *(das oft zwischen Schulabschluss und Beginn des Studiums genommen wird)*
	scholarship ['skɒləʃɪp]	Stipendium *(finanzielle Hilfe für Schüler/innen, Studierende u. Ä.)*	
	common ['kɒmən]	gemeinsame(r, s)	❗ **common** = **1.** häufig; weit verbreitet – Olivia is a very **common** name in Britain. **2.** gemeinsame(r, s) – Germany and Austria have a **common** language. Ⓛ communis, -e *(allgemein)*
	native language [ˌneɪtɪv 'læŋgwɪdʒ]	Muttersprache	Ⓛ nasci *(geboren werden)*

Part A

p. 78	(to) **rank** sth. [ræŋk]	etwas einstufen, etwas anordnen	Angelique Kerber is **~ed** number 1 in the world.
	based on [beɪst]	basierend auf; auf der Grundlage von	We watched a film **~ed on** a book by Philip Pullman. Ⓕ basé, e sur

in total ['təʊtl]	insgesamt	I have 5 cats and 3 dogs, so 8 pets **in ~**. (L) totus
original [ə'rɪdʒənl]	Original-, ursprüngliche(r, s)	adj: **original** – Is this the **original** film, or is it a new version? adv: **originally** – She has a French passport, but **originally** she's from Spain. (L) origo
(to) **dub** [dʌb]	synchronisieren *(Film)*	I went to see an Italian film last night. – Was it **dubbed** or did it have subtitles?
(to) **store** [stɔː]	speichern	Do you ~ photos on your computer or in the cloud?
technical ['teknɪkl]	technisch	! pronunciation: **technical** ['teknɪkl] (F) technique
dominant ['dɒmɪnənt]	vorherrschend, dominant	! stress: **dominant** ['dɒmɪnənt] (F) dominant, e (L) dominari
aviation [ˌeɪvi'eɪʃn]	Luftfahrt	(L) avis *(Vogel)*
navigation [ˌnævɪ'geɪʃn]	Navigation	(F) la navigation (L) navigare
diplomacy [dɪ'pləʊməsi]	Diplomatie	! stress: **diplomacy** [dɪ'pləʊməsi] (F) la diplomatie
p. 79 (to) **interpret** [ɪn'tɜːprɪt]	deuten, interpretieren	(L) interpres
(to) **contain** [kən'teɪn]	enthalten, beeinhalten	I can't eat this chocolate. It **~s** nuts. (F) contenir (L) continere
portrait ['pɔːtreɪt, pɔːtrət]	Porträt	! stress: **portrait** ['pɔːtreɪt, pɔːtrət] (F) le portrait
panorama [ˌpænə'rɑːmə]	Panorama	

	out of focus ['fəʊkəs]	unscharf *(Foto)*	(L) focus *(Herd, Feuerstätte)*
	(to) **analyse** ['ænəlaɪz]	analysieren	(F) analyser
	(to) **create** [kri'eɪt]	(er)schaffen, kreieren	I **~d** a special smoothie for my mum's birthday party. (F) créer (L) creare *(schaffen, hervorbringen)*
	(to) **comment (on** sth.**)** ['kɒment]	sich äußern (über/zu etwas); einen Kommentar abgeben (zu etwas)	The president refused to ~ **on** the news. verb: (to) **comment** – noun: **comment**
	(to) **come across**	verstanden werden; ankommen, „rüberkommen" *(Botschaft)*	Maybe you meant to be friendly, but the message didn't **come** ~. He doesn't **come** ~ as a very nice person.
p. 80	**Make yourself understood.**	Mach dich verständlich.	
	paraphrase ['pærəfreɪz]	Umschreibung	verb: (to) **paraphrase** – noun: **paraphrase**
	(to) **slow down** [ˌsləʊ 'daʊn]	langsamer werden; (sich) verlangsamen	You speak so fast that I can't understand you! Please can you ~ **down** a bit?
	difficulty ['dɪfɪkəlti]	Schwierigkeit(en)	adj: **difficult** – noun: **difficulty** (F) la difficulté (L) difficultas
p. 81	**internship** ['ɪntɜːnʃɪp]	Praktikum	I'm doing an ~ at Cornelsen next month.
	spring break ['sprɪŋ breɪk]	Frühjahrsferien	
	accommodation *(no pl)* [əˌkɒmə'deɪʃn]	Unterkunft	We like to stay at a nice hotel when we're on holiday. What kind of ~ do you prefer?

(to) **cycle** ['saɪkl]	Rad fahren, mit dem Rad fahren	**cycling** through London 
(to) **hike** [haɪk]	wandern	(to) go for long walks in the country
itinerary [aɪ'tɪnərəri]	Reiseroute	We'll probably travel through the USA next year but still need to plan our ~. (F) l'itinéraire *(m)* (L) iter, itineris *f (Reise)*
luggage ['lʌgɪdʒ] *(bes. BE)*, **baggage** ['bægɪdʒ] *(bes. AE)*	Gepäck	**luggage** **suitcase** 
suitcase ['suːtkeɪs]	Koffer	
flight attendant ['flaɪt‿əˌtendənt]	Flugbegleiter/in	 **flight attendants**
customs *(pl)* ['kʌstəmz]	Bräuche, Gebräuche, Sitten	Some foreign **~s** seem strange when you first go abroad.

travel agent ['trævl‿eɪdʒnt]	Reisebürokaufmann/-frau	Dad has gone to the ~ **agent's** to buy air tickets. (= Reisebüro)
(to) **leave for**	abreisen nach, aufbrechen nach	We plan to ~ **for** London in the morning.

Part B

p. 82	**space** [speɪs]	Platz, Raum	I need new shelves. There's no ~ for my books! (F) l'espace *(m)* (L) spatium *(Raum, Zwischenraum)*
	out of the blue	aus heiterem Himmel; völlig unerwartet	I hadn't expected this. It came totally **out of the** ~.
	foreigner ['fɒrənə]	Ausländer/in; Fremde(r)	adj: **foreign** – noun: **foreigner**
	via ['vaɪə]	über, durch, per	We flew to New York ~ Frankfurt. I got to know him ~ a common friend. (L) via
	backpacker ['bækpækə]	Rucksacktourist/in	**a backpacker in the mountains** 
	non- [nɒn]	nicht-; Nicht-	• **non-** + adj: **non-**British (nicht-britisch) • **non-** + noun: **non-**Brits (Nicht-Briten)
	sort of [sɔːt] *(infml)*	irgendwie	Why do I like it? I don't know, I'm ~ **of** just into it.
	organic farm [ɔː'gænɪk]	Bio-Bauernhof	

exam [ɪɡ'zæm]	Prüfung	*English:* (to) **take an exam** *German:* **eine Prüfung ablegen**
by the time	als; wenn, bis	**By the** ~ I'd read it three times, I understood it. I'll have dinner ready **by the** ~ you get back.
p. 83 **overhead locker** [ˌəʊvəhed 'lɒkə]	Gepäckfach *(im Flugzeug)*	**overhead lockers** 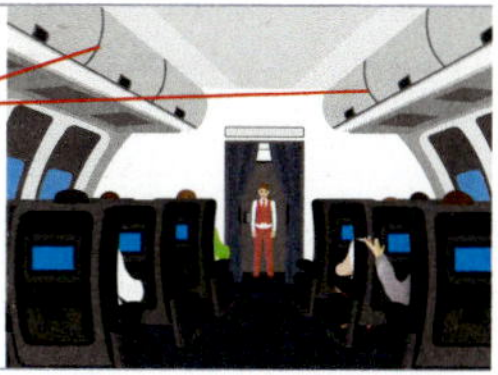
beer [bɪə]	Bier	(F) la bière
(to) **book** [bʊk]	buchen, reservieren	That restaurant is always full. Have you ~**ed** a table?
metro ['metrəʊ]	U-Bahn	(F) le métro
(to) walk/come **by**	vorbeigehen/-kommen, vorübergehen/-kommen	I was sitting in the park and an old friend **came** ~.
(to) **shrug** [ʃrʌɡ]	mit den Achseln/Schultern zucken	"I don't know", he **shrugged**.
(to) **burst out laughing, burst, burst** [bɜːst]	in schallendes Gelächter ausbrechen	
plenty (of) ['plenti]	viel(e); eine Menge; reichlich	Are we in a hurry? – No, we've got ~ **of** time.
downside ['daʊnsaɪd]	Kehrseite, Nachteil	The ~ of this car is that it is terribly expensive.

Irregular verbs

infinitive	simple past	past participle	
(to) **be**	**was; were**	**been**	sein
(to) **beat**	**beat**	**beaten**	schlagen; besiegen
(to) **become**	**became**	**become**	werden
(to) **begin**	**began**	**begun**	beginnen, anfangen
(to) **bend**	**bent**	**bent**	sich bücken, sich beugen
(to) **bite** [aɪ]	**bit** [ɪ]	**bitten** [ɪ]	beißen
(to) **blow sth. out**	**blew**	**blown**	etwas auspusten, ausblasen
(to) **break** [eɪ]	**broke**	**broken**	brechen; zerbrechen
(to) **bring**	**brought**	**brought**	(mit-, her)bringen
(to) **broadcast**	**broadcast**	**broadcast**	senden, ausstrahlen, übertragen *(Rundfunk, Fernsehen)*
(to) **build**	**built**	**built**	bauen
(to) **burst**	**burst**	**burst**	platzen
(to) **buy**	**bought**	**bought**	kaufen
(to) **catch**	**caught**	**caught**	fangen
(to) **choose** [uː]	**chose** [əʊ]	**chosen** [əʊ]	aussuchen, (aus)wählen; sich aussuchen

(to) **come**	**came**	**come**	kommen
(to) **cost**	**cost**	**cost**	kosten
(to) **cut**	**cut**	**cut**	schneiden
(to) **dig**	**dug**	**dug**	graben
(to) **do**	**did**	**done** [ʌ]	tun, machen
(to) **draw**	**drew**	**drawn**	zeichnen
(to) **drive** [aɪ]	**drove** [əʊ]	**driven** [ɪ]	(mit dem Auto) fahren
(to) **drink**	**drank**	**drunk**	trinken
(to) **eat**	**ate** [et, eɪt]	**eaten**	essen
(to) **fall**	**fell**	**fallen**	fallen, stürzen; hinfallen
(to) **feed**	**fed**	**fed**	füttern
(to) **feel**	**felt**	**felt**	fühlen; sich fühlen
(to) **fight**	**fought**	**fought**	(be)kämpfen
(to) **find**	**found**	**found**	finden
(to) **fly**	**flew**	**flown**	fliegen
(to) **forbid**	**forbade**	**forbidden**	verbieten

infinitive	simple past	past participle	
(to) **forget**	**forgot**	**forgotten**	vergessen
(to) **freeze**	**froze**	**frozen**	(ge)frieren; zufrieren; einfrieren
(to) **get**	**got**	**got**	bekommen; holen; werden; gelangen
(to) **give**	**gave**	**given**	geben
(to) **go**	**went**	**gone** [ɒ]	gehen
(to) **grow**	**grew**	**grown**	wachsen; anbauen, anpflanzen
(to) **hang**	**hung**	**hung**	hängen
(to) **have**	**had**	**had**	haben
(to) **hear** [ɪə]	**heard** [ɜː]	**heard** [ɜː]	hören
(to) **hide** [aɪ]	**hid** [ɪ]	**hidden** [ɪ]	verstecken; sich verstecken
(to) **hit**	**hit**	**hit**	schlagen
(to) **hold**	**held**	**held**	halten
(to) **hurt**	**hurt**	**hurt**	schmerzen, wehtun; verletzen
(to) **keep**	**kept**	**kept**	behalten; aufheben, aufsparen; aufbewahren
(to) **kneel** [niːl]	**knelt** [nelt]	**knelt** [nelt]	knien

(to) **know** [nəʊ]	**knew** [njuː]	**known** [nəʊn]	wissen; kennen
(to) **lead** [iː]	**led**	**led**	führen, leiten
(to) **leave** [iː]	**left**	**left**	(weg)gehen; abfahren; (zurück)lassen; verlassen
(to) **lend sb. sth.**	**lent**	**lent**	jm. etwas leihen
(to) **let**	**let**	**let**	lassen
(to) **lie**	**lay**	**lain**	liegen
(to) **light** [aɪ]	**lit** [ɪ]	**lit** [ɪ]	anzünden
(to) **lose** [uː]	**lost** [ɒ]	**lost** [ɒ]	verlieren
(to) **make**	**made**	**made**	machen; herstellen
(to) **mean** [iː]	**meant** [e]	**meant** [e]	bedeuten; meinen
(to) **meet** [iː]	**met** [e]	**met**	treffen; sich treffen; kennenlernen
(to) **pay**	**paid**	**paid**	bezahlen
(to) **put**	**put**	**put**	(etwas wohin) tun, legen, stellen
(to) **read** [iː]	**read** [e]	**read** [e]	lesen
(to) **ride** [aɪ]	**rode**	**ridden** [ɪ]	reiten; (Rad) fahren

infinitive	simple past	past participle	
(to) **ring**	**rang**	**rung**	klingeln, läuten
(to) **rise up** [aɪ]	**rose**	**risen** [ɪ]	aufragen, emporragen; sich erheben
(to) **run**	**ran**	**run**	rennen, laufen
(to) **say** [eɪ]	**said** [e]	**said** [e]	sagen
(to) **see**	**saw**	**seen**	sehen
(to) **sell**	**sold**	**sold**	verkaufen
(to) **send**	**sent**	**sent**	schicken, senden
(to) **set sth. up**	**set**	**set**	etwas errichten, aufbauen; etwas arrangieren
(to) **sew** [əʊ]	**sewed** [əʊ]	**sewn** [əʊ]	nähen
(to) **shake**	**shook**	**shaken**	schütteln; zittern
(to) **shine**	**shone** [*BE:* ɒ, *AE:* əʊ]	**shone** [ɒ, əʊ]	scheinen *(Sonne)*
(to) **shoot** [uː]	**shot** [ɒ]	**shot** [ɒ]	schießen; erschießen
(to) **sing**	**sang**	**sung**	singen
(to) **sink**	**sank**	**sunk**	sinken
(to) **sit**	**sat**	**sat**	sitzen; sich setzen

(to) **sleep**	**slept**	**slept**	schlafen
(to) **speak** [iː]	**spoke**	**spoken**	sprechen
(to) **spend**	**spent**	**spent**	*(Zeit)* verbringen; *(Geld)* ausgeben
(to) **spin around**	**spun**	**spun**	sich (im Kreis) drehen; herumwirbeln
(to) **spread** [e]	**spread** [e]	**spread** [e]	ausbreiten, verbreiten; sich ausbreiten, verbreiten
(to) **stand**	**stood**	**stood**	stehen; sich (hin)stellen
(to) **steal**	**stole**	**stolen**	stehlen
(to) **stick**	**stuck**	**stuck**	stechen, stecken
(to) **swear** [eə]	**swore**	**sworn**	schwören
(to) **swim**	**swam**	**swum**	schwimmen
(to) **take**	**took**	**taken**	(mit)nehmen; (weg-, hin)bringen; dauern
(to) **teach**	**taught**	**taught**	unterrichten, lehren
(to) **tear** [teə]	**tore**	**torn**	reißen, zerreißen
(to) **tell**	**told**	**told**	erzählen, berichten
(to) **think**	**thought**	**thought**	denken, glauben

infinitive	simple past	past participle	
(to) **throw**	**threw**	**thrown**	werfen
(to) **tread** [e]	**trod**	**trodden**	treten
(to) **understand**	**understood**	**understood**	verstehen
(to) **wake up**	**woke up**	**woken up**	aufwachen; (auf)wecken
(to) **wear** [eə]	**wore** [ɔː]	**worn** [ɔː]	tragen *(Kleidung)*
(to) **win**	**won** [ʌ]	**won** [ʌ]	gewinnen
(to) **write**	**wrote**	**written**	schreiben

False friends (Falsche Freunde)

Es gibt einige Wörter, die im Englischen und Deutschen ähnlich klingen oder aussehen, aber eine ganz andere Bedeutung haben – sogenannte *false friends*.
Hier sind einige Beispiele:

English	German	German	English
also	= auch	also	= **so; Well …**
become	= werden	bekommen	= **get**
boot	= Stiefel	Boot	= **boat**
build	= bauen	bilden	= **make, form**
chips	= Pommes frites	Kartoffelchips	= **crisps**
fire	= Feuer	Feier	= **celebration**
kind	= freundlich	Kind	= **child**
handy	= praktisch	Handy	= **mobile**
listen	= zuhören	Listen	= **lists**
map	= Landkarte	Mappe	= **folder**
mist	= Nebel	Mist *(Unsinn)*	= **rubbish**
snake	= Schlange	Schnecke	= **snail**
stay	= bleiben	stehen	= **stand**
where	= wo	wer	= **who**
while	= während	weil	= **because**

TIP
Wenn du nicht sicher bist, ob du es vielleicht mit einem *false friend* zu tun hast, dann schau vorsichtshalber in einem guten Wörterbuch nach.

English sounds

[iː]	green, he, sea
[i]	happy, monkey
[ɪ]	big, in, expensive
[e]	red, yes, again, breakfast
[æ]	cat, animal, apple, black
[ɑː]	class, ask, car, park
[ɒ]	song, on, dog, what
[ɔː]	door, or, ball, four, morning
[uː]	blue, ruler, too, two, you
[ʊ]	book, good, pullover
[ʌ]	mum, bus, colour
[ɜː]	girl, early, her, work, T-shirt
[ə]	a partner, again, today
[eɪ]	name, eight, play, great
[aɪ]	time, right, my, I
[ɔɪ]	boy, toilet, noise
[əʊ]	old, no, road, yellow
[aʊ]	town, now, house
[ɪə]	here, year, idea
[eə]	where, pair, share, their
[ʊə]	tour

[b]	boat, table, verb
[p]	pool, paper, shop
[d]	dad, window, good
[t]	ten, letter, at
[g]	good, again, bag
[k]	cat, kitchen, back
[m]	mum, man, remember
[n]	no, one, ten
[ŋ]	song, young, uncle, thanks
[l]	hello, like, old, small
[r]	red, ruler, friend, sorry
[w]	we, where, one
[j]	you, yes, uniform
[f]	family, after, laugh
[v]	river, very, seven, have
[s]	sister, poster, yes
[z]	please, zoo, quiz, his, music
[ʃ]	shop, station, English
[ʒ]	television, usually
[tʃ]	teacher, child, watch
[dʒ]	Germany, job, project, orange
[θ]	thanks, three, bathroom
[ð]	the, this, father, with
[h]	here, who, behind

The English alphabet

a	[eɪ]	**n**	[en]
b	[biː]	**o**	[əʊ]
c	[siː]	**p**	[piː]
d	[diː]	**q**	[kjuː]
e	[iː]	**r**	[ɑː]
f	[ef]	**s**	[es]
g	[dʒiː]	**t**	[tiː]
h	[eɪtʃ]	**u**	[juː]
i	[aɪ]	**v**	[viː]
j	[dʒeɪ]	**w**	['dʌbljuː]
k	[keɪ]	**x**	[eks]
l	[el]	**y**	[waɪ]
m	[em]	**z**	[zed]

Am besten kannst du dir die Aussprache der einzelnen Lautzeichen einprägen, wenn du dir zu jedem Zeichen ein einfaches Wort merkst –
das [iː] ist der **green**-Laut,
das [eɪ] ist der **name**-Laut usw.

Titelbild

Shutterstock (Känguru-Warnschild: Robyn Mackenzie)
Schapowalow (Ayers Rock: SIME/Luigi Vacarella)

Bildquellen

Fotolia (S. 4 oben: Henrik Larsson; S. 26 oben: Coka); **Shutterstock** (S. 4 unten: Phil Date; S. 5 oben: e X p o s e; S. 5 unten: jeep2499; S. 6 rechts: Miroslav Hlavko; S. 6 links: tagstiles.com - S.Gruene; S. 8 : Ruth Lawton; S. 9 : stockcreations; S. 14 : Melinda Fawver; S. 15 oben: Dudarev Mikhail; S. 15 unten: a40757; S. 17 : withGod; S. 18 : Grandpa; S. 20 : Bildagentur Zoonar GmbH; S. 21 rechts: andamanec; S. 21 mitte: Eric Isselee; S. 21 links: Nagel Photography; S. 25 un. re.: DVARG; S. 25 oben: Dmitry Naumov; S. 25 unten m.: Ensuper; S. 25 mitte r.: Claudio Divizia; S. 25 un. li.: withGod; S. 26 unten: blambca; S. 27 ob. re.: BlueSkyImageq; S. 27 ob. li.: sumire8; S. 27 2.v.ob.: Jovanovic Dejan; S. 27 unten: Fotovika; S. 33 : Timolina; S. 34 : Ico Maker; S. 37 : browndogstudios; S. 39 : Rudchenko Liliia; S. 40 oben: Kasa_s; S. 40 unten: theblackfatcat; S. 41 : Mauricio Graiki; S. 43 ob. re.: Domenic Gareri; S. 43 ob. li.: Joseph Sohm; S. 43 un. li.: Goodluz; S. 43 un. re.: fototip; S. 44 : irin-k; S. 45 : IanRedding; S. 47 : sianc; S. 48 links: Crevis; S. 48 rechts: nanami7; S. 50 : kontur-vid; S. 53 : esolla; S. 54 : Josep Curto; S. 59 mitte: sumroeng chinnapan; S. 59 unten: Andresr; S. 59 oben: Bikeworldtravel; S. 60 : everst; S. 61 : 77sch)

English G Access · Band 5
Vokabeltaschenbuch

Im Auftrag des Verlages herausgegeben von
Jörg Rademacher, Mannheim

Erarbeitet von
Uwe Tröger, Hannover

Layout und technische Umsetzung
Eric Gira, Ungermeyer, Berlin

Umschlaggestaltung
kleiner & bold, Berlin
hawemannundmosch, Berlin
klein & halm, Berlin

www.cornelsen.de
www.englishg.de/access

1. Auflage, 2. Druck 2019
Alle Drucke dieser Auflage sind inhaltlich unverändert und können im Unterricht nebeneinander verwendet werden.

Druck: H. Heenemann, Berlin

ISBN 978-3-06-032379-1